Wolfgang Schnepper

Die besten Fußballsprüche und Fußballwitze

AF175946

Wolfgang Schnepper

Die besten Fußballsprüche und Fussballwitze

Wolfgang Schnepper, Jahrgang 1964, Diplomsportlehrer,
Ex-Bezirksligaspieler im Fußball,
1988 Fußballabitur mit der Note "sehr gut"
1988-89 in der deutschen Triathlonspitze,
1990 Bayerischer Meister im Body-Building,
1998 Konditionstrainer im bezahlten Fußball
2003 - 2006 Sportlehrer an einer Gesamtschule

Bibliografische Informationen der Deutschen
Nationalbibliothek: Die Deutsche Nationalbibliothek
verzeichnet diese Publikation in der Deutschen
Nationalbibliografie; detaillierte bibliografische Daten sind
im Internet über http://dnb.d-nb.de abrufbar.

©2020 Wolfgang Schnepper
Herstellung und Verlag: Books on Demand GmbH
Norderstedt
Satz und Layout: Wolfgang Schnepper

ISBN   978-3-7519-5443-3

Inhalt

Inhalt

Vorwort

Vorwort

In diesem unterhaltsamen Buch werden die coolsten und lustigsten Sprüche vieler Fußballstars aufgeführt und kurz kommentiert, z.B. von Messi, Cristiano Ronaldo, Joachim Löw David Beckham, Diego Maradona, Giovannni Trappatoni, Pep Guardiola, Zlatan Ibrahimovic, Michael Platini, Lothar Matthäus, Pele, Oliver Kahn, Jürgen Klopp und viele mehr.

Aufgelockert wird das Ganze mit den lustigsten Fußballwitzen. Mit diesem unnötigem Wissen können sie ihren Freunden auf jeder Party oder jedem Treffen eindrucksvoll imponieren.

# Herberger und seine besten Sprüche

Sepp Herberger und seine besten Sprüche

"Der Ball ist rund."

"Der Ball hat immer die beste Kondition."

"Das nächste Spiel ist immer das schwerste."

"Das Spiel dauert 90 Minuten."

Diese ersten vier Weisheiten und Sprüche zeigen, wie einfach Herberger eines auszudrücken vermochte: Im Fußball ist alles möglich.

Zur Mannschaft: "Es gibt nur eine Nationalhymne, die zweimal gespielt wird. Sorgt dafür, dass es unsere ist."

"Ich weiß, dass es in Deutschland Hunderttausende von Bundestrainern gibt, aber ich stehe als einziger auf der Gehaltsliste des DFB."

Zu Journalisten über penetrante Zuschauer: "Als ob das alles Engel wären. Jeder dreht einmal einen Zacken, ohne dass man ihm gram sein darf. Aber ich sage euch, wenn einmal über eine Sache Gras gewachsen ist, dann kommt gewiss ein Kamel und frisst es wieder ab."

Über einen Spieler: "Wartet mal ab, der Mann kommt erst noch, obwohl man glaubt, er sei schon da."

 # Herberger und seine besten Sprüche

Nach dem Entscheidungsspiel gegen die Türkei (7:2) zu Journalisten: "Ja, ja, ich bin doch ein kluger Kopf. Das könnt ihr ruhig schreiben."

Nach Spielschluss des WM-Finales 1954 auf die Frage nach der deutschen Taktik: "Die Leute hinten hatten den Auftrag, an den Stürmern wie eine Briefmarke zu kleben und ihnen notfalls auf die Toilette zu folgen. Die Angriffsspieler sollten für den Sieg sorgen. Wir wollten ja siegen."

Über Fritz Walters Vorbereitungen auf die WM: "Er hat monatelang nichts anderes gemacht als Eckbälle zu proben. Zu meiner aktiven Zeit wäre mir das nicht im Traum eingefallen."

Über bei Fritz Walter: "Das sehe ich gern, wenn der Fritz lacht, bis die Ohren Besuch bekommen. Innere Freude hat noch niemandem geschadet."

"Es gibt Leute, die rennen in der zweiten Halbzeit den Minuten nach, die sie vor der Pause verschlafen haben."

Hier sehen wir den Komiker Sepp Herberger mit einem "kühlen" und "trockenen Humor". Auf alten Aufzeichnungen erkennt man Herberger, wie er bei seinen Sprüchen und Weisheiten innerlich lacht und wirklich Spaß hat.

"Haben Sie vielleicht eine Minute Zeit?" fragt ein Zuschauer den Schiri nach Spielabpfiff.
Dieser nickt zustimmend.
"Dann erzählen sie mir mal alles was Sie über Fußball und seine Regeln kennen!"

Was ist der mit Abstand brutalste Sport der Welt?
Fußball. Da wird umgesäbelt, geköpft und geschossen!
Wie hoch ist der Marktwert der holländischen Fußballnationalmannschaft?
Genau 88 Cent, nämlich 11mal Flaschenpfand.

Der Sportarzt zum Thema Doping im Fußball: "Doping im Fußball ergibt überhaupt keinen Sinn. Das Mittel muss in die Spieler injiziert werden.

Eine Fußballmannschaft fliegt nach Australien. Den Spielern wird langweilig, und sie spielen schließlich Fußball im Flugzeug . Der Pilot kann die Maschine kaum noch halten und schickt den Co-Piloten zu den Fluggästen nach hinten. Nach nur einer Minute ist Ruhe.
"Wie hast Du denn angestellt?", fragt der Pilot.
"Nun ja", meint der Co-Pilot "Ich habe gesagt: Männer, es ist schönes Wetter draußen, spielt doch vor der Tür!"

Helmut Schön und seine besten Sprüche

Helmut Schön als Trainer von Deutschland
"Da gehe ich mit Ihnen ganz chloroform."

Nun wir gehen davon aus, dass Helmut Schön "konform" meinte. War es ein Spaß? Hat er sich versprochen? Mit Sicherheit war er nicht angetrunken, als er diesen Spruch von sich gab. Vermutlich wollte er auch niemanden narkotisieren, und schon gar nicht seine Spieler.

Helmut Schön als Trainer
"Wenn man sich die Autogramme der Spieler ansieht, dann fühlt man sich wie auf einem Apothekerkongress."

Nun gut, der Satz spricht für sich. Die Nationalspieler waren wohl keine Feinmotoriker, aber sie konnten schreiben.

Franz Beckenbauer

Franz Beckenbauer und seine besten Sprüche

„Ich bin ja gelernter Versicherungskaufmann, stellen Sie sich mal vor, ich wäre heute noch jeden Tag in der Versicherung – gut, die Allianz wäre dann mit Abstand das größte Unternehmen der Welt."

Der Kaiser beweist hier ein hohes Selbstvertrauen, welches ihm auch zusteht. Er ist ein Mensch des Erfolges.

„Ich überlege immer noch, welche Sportart meine Mannschaft an diesem Abend ausgeübt hat. Fußball war's mit Sicherheit nicht."

Besser und schneller kann man eine Mannschaft nicht beurteilen, die sehr schlecht gespielt hat.

„Ich möchte einmal wissen, in welcher Kommission ich nicht bin. Ich glaube, da habe ich nicht aufgepasst."

„Erfolg ist ein scheues Reh. Der Wind muss stimmen, die Witterung, die Sterne und der Mond."

Hier hat der Kaiser aucht recht. Erfolg darf niemals selbstverständlich sein oder man kann auch sagen "Hochmut kommt vor dem Fall"

„Ja gut, am Ergebnis wird sich nicht mehr viel ändern, es sei denn, es schießt einer ein Tor."

Logik ist Logik!

„Ja gut, es gibt nur eine Möglichkeit: Sieg, Unentschieden oder Niederlage."

War der Spruch Absicht als Witz gedacht oder ein Versprecher?

„Kaiserslautern wird mit Sicherheit nicht ins blinde Messer laufen."

Wohl ein Versprecher!

„In einem Jahr hab ich mal 15 Monate durchgespielt."

Besser kann man die hohe physische Belastung bestimmter Spielperioden wohl nicht ausdrücken.

„Der Grund war nicht die Ursache, sondern der Auslöser."

Upps, no comment!

„Die Schweden sind keine Holländer, das hat man ganz genau gesehen."

Wo der Kaiser recht hat, hat er recht.

„Das sind alles gute Fußballer. Nur: Sie können nicht Fußball spielen."
Ein Widerspruch in sich oder ein Paradoxon?

Franz Beckenbauer

„Ich habe mal einen Stammbaum machen lassen: Die Wurzeln der Beckenbauers liegen in Franken. Das waren lustige Familien, alles uneheliche Kinder. Wir sind dabei geblieben."

Hier sehen wir wieder den Humor von Franz Beckenbauer, den wohl alle Menschen mögen.

„So groß ist das Verbrechen nun auch nicht. Der Liebe Gott freut sich über jedes Kind."

Ja, wir meinen hier kann man dem Kaiser nur zustimmen. Bestimmte verbale Angriffe sollte man unterlassen, sonst kommt der "Bumerang". Besser konnte Franz nicht reagieren.

Günter Netzer

Günter Netzer

Günter Theodor Netzer wurde am 14. September 1944 in München-Gladbach, heute Mönchengladbach, geboren.
Er ist ein ehemaliger deutscher Fußballprofi, der überwiegend für Borussia Mönchengladbach und dann drei Jahre lang für Real Madrid spielte. Mit der deutschen Fußballnationalmannschaft wurde er 1972 Europameister und 1974 im eigenen Land Weltmeister. Günter Netzer war u.a. 13 Jahre lang neben Sportmoderator Gerhard Delling als Experte für die ARD tätig.

Günter Netzer und seine besten Sprüche

"Ich hatte immer einen Horror vor Menschen, die man mit einem Lasso von der Bühne holen musste. Ich habe genug geredet. Ich kann mich selbst nicht mehr im Fernsehen anschauen."
Netzer äußert sich hier zu den Gründen seines Abschieds als TV-Experte. Ich glaube hier spricht er vielen Menschen aus dem Herzen. Wir haben genügend Schwätzer, die sich gern im Fernsehen reden hören, und sich für unersetzlich halten.

"Während ich mich bückte, hat mir der Franz Beckenbauer mal einen Freistoß gestohlen, Mensch, war ich sauer, aber leider ging der Ball rein."

Netzer äußert sich hier über seinen ehemaligen Teamkollegen Franz Beckenbauer mit sehr großem Humor.

"Kopfball war für mich eher immer so etwas Ähnliches wie Handspiel."

Netzer spricht hier über seine Aversion gegenüber Kopfbällen. An dieser Stelle müssen wir erwähnen, dass heutige Fußball-Profis in der Regel so lange gedrillt werden, bis sie den Kopfball beherrschen und auch gerne ausüben. Der Druck auf die Profis hat sich enorm erhöht. Bei den riesigen Gehältern heutzutage wohl auch verständlich.

"Die meisten Spiele, die 1:0 ausgingen, wurden gewonnen."

Hier beweist Netzer eine perfekte Logik, denn er hat sogar recht. Es waren nur die meisten Spiele. Manche Spiele wurden nämlich auch annuliert, d.h. in diesen Ausnahmefällen gab es wirklich keinen Sieger bei einem 1:0.

"Der Pfosten ist ein Freund des Torwarts, auf den er sich nicht verlassen kann."

Besser konnte Netzer diesen Sachverhalt in einer "Fußballsprache" nicht formulieren.

"Wenn du glaubst es geht nichts mehr, kommt von irgendwo ne' Flanke her."
Humorvolle Äußerung Netzers über Stürmer mit Torflaute!

"Ich hoffe, dass die deutsche Mannschaft auch in der 2. Halbzeit eine runde Leistung zeigt, das würde die Leistung abrunden!"

Günter Netzer

Netzer analysiert die Leistung der deutschen Mannschaft zur Halbzeitpause, und liefert hierbei einen sehr lustigen Versprecher oder eine unglückliche Ausdrucksweise.

"Man muss feststellen, dass der Spruch auch nicht mehr stimmt, dass der Schütze nicht selber schießen soll. Ich stelle fest, dass der Schütze sehr wohl den Elfmeter selber schießt."

Netzer über die Meinung, dass der gefoulte Spieler niemals selbst den Strafstoß ausführen soll, und will vom Gegenteil überzeugen. Allerdings unglücklich formuliert, weil der Schütze immer selbst schießt, deshalb heißt er ja auch "Schütze".

Sepp Maier

Sepp Maier

Josef Dieter „Sepp" Maier wurde am 28. Februar 1944 in Metten (Niederbayern) geboren. Er zählt wohl zu den besten Fußballtorhütern aller Zeiten mit 95 Einsätzen Rekord-Torhüter der deutschen Nationalmannschaft und mit 699 Pflichtspielen (absoluter Rekord) für FC Bayern München, bei dem er 17 Jahre lang gespielt hatte. Er gewann alle wichtigen nationalen und internationalen Titel wie Weltmeister (1974), Europameister und Deutscher Meister, außerdem gewann er den Europapokal der Pokalsieger, den der Landesmeister und den DFB-Pokal.

Sepp Maier und seine besten Sprüche

"Im Gegenteil. Bei ihm ist der Ball im Verhältnis viel kleiner."
(in Bezug auf, ob der russische Torhüter Lew Iwanowitsch Jaschin durch seine riesigen Hände im Vorteil sei)

"Ein Torhüter muss Ruhe ausstrahlen. Er muss aber aufpassen, dass er dabei nicht einschläft."

Bei den ersten beiden Sprüchen wird schon der einzigartige und kaum zu übertreffende Humor von Sepp Maier sichtbar.

"Die haben ja vor 30 Jahren Zeitlupenfußball gespielt. Heute wirst du psychisch und physisch weit härter gefordert."
Besser kann man es nicht formulieren. Der "Fußball" ist wesentlich härter und schneller geworden. Trainings- und Spielbelastungen haben enorm zugenommen.

Sepp Maier

Zudem ist der Konkurrenzkampf drastisch gestiegen. Eine Bundesliga-Mannschaft aus den 70er Jahren, hätte heute Probleme gegen eine Oberliga-Mannschaft zu gewinnen.

"Ich habe Strafstöße immer ganz locker genommen. Bei mir brauchten die Schützen auch nicht soviel Angst zu haben, ich habe selten einen gehalten."

Ja, das stimmt. Sepp Maier war nicht gerade der "Elfmeter-Killer.

"Was braucht so ein junger Hupfer einen Manager? Die sollen nicht schon vor dem Spiel übers Geld nachdenken. Erst Leistung bringen, dann Forderungen stellen."

Wo er recht hat, hat er recht.

"Mein Hausarzt hat mir geraten mit dem Fußballspielen aufzuhören."
"Oh wie schade, hast du dich untersuchen lassen, und was hat er festgestellt?"
"Nein, er hat mich spielen sehen!"

Fußballer Franz und Fußballer Uwe haben den Schlüssel im Auto liegen gelassen. Franz versucht das Auto mit einem Draht zu öffnen. Plötzlich ruft Uwe:"Beeil dich besser, es fängt an zu regnen und das Verdeck ist noch offen!"

"Meinen Sie denn meine Kurzsichtigkeit könnte meiner Fußball-Karriere schaden?" fragt der Fußballspieler.
"Ach was", antwortet der Augenarzt, "Sie können doch immer noch Schiedsrichter werden."

"Du kommst diese Woche schon zum fünften Mal zu spät zum Training! Weißt du eigentlich, was das bedeutet?" mahnt der Trainer.
"Ja", antwortet der Spieler, "heute muss Freitag sein!"

 # Gerd Müller und seine besten Sprüche

Gerd Müller und seine besten Sprüche

"Am schönsten ist ein Schuss ins leere Tor."

Na klar, denn jetzt kann in der Regel nichts mehr schief gehen.

"Das 2 : 1 im WM-Finale 1974 gegen Holland war mein wichtigstes Tor."

Das hat Gerd Müller sehr gut erkannt. Allerdings ist diese Schlussfolgerung auch nicht besonders schwierig.

"Der Strafraum war mein Reich. Von außerhalb des Sechzehners habe ich in meiner Karriere nicht viele Tore geschossen."

Gerd Müller war vom gegnerischen Sechzehner abhängig, da seine Schussqualität über große Entfernungen überproportional nachließ.

"Ein Fußballspiel ist gar nicht leicht, weil es nur schwer zum Torschuß reicht."
Eigenartig formuliert, aber richtig. Der Stürmer bekommt normalerweise gegen gleichwertige Gegner nicht besonders viele gute Torchancen aufgelegt."

"Einmal hab ich gegen die Glasgow Rangers einen Freistoß verwandelt, aber das war mehr aus Versehen. Ich sollte gar nicht schießen, ich hab mir einfach den Ball geschnappt."

 # Gerd Müller und seine besten Sprüche

Viele ältere Fußballfans können sich daran erinnern. Keiner hat damals daran geglaubt, dass er den Freistoß tatsächlich "versenken" würde.

"Es waren drei Holländer um mich herum, ich starte, täusche an, aber auf einmal kommt der Ball auf den linken Fuß. Ich wollte ihn eigentlich mit rechts stoppen und sofort schießen, aber nachträglich war es ein Glück, dass er auf links kam. Von da springt er ein bisschen weg und kommt direkt auf meinen rechten Innenspann. Und ich kann schön aus der Drehung ins lange Eck schießen."

Komplizierte Erklärung für einen einfachen Sachverhalt: Ich hatte einfach Glück.

"Man muss auch blind treffen können, man muss ohne Hinschauen wissen, wo das Tor steht."

Diese Eigenschaft sollte jeder gute Torwart haben.

"Wenn der Franz kam, wusste ich immer: Er will Doppelpass. Wenn der Franz mich schwach angespielt hat, dann sollte ich zurückspielen. Hat er mich aber scharf angespielt, dann musste ich mit dem scharfen Ball was machen."

Diese beiden Ausnahmespieler haben sich "blind" verstanden. Dadurch wurden viele Spiele für den FC Bayern München oder die Deutsche Nationalmannschaft entschieden.

"Wir haben früher nichts anderes gehabt außer Fußball, nach der Schule haben wir gespielt bis zum Abend. Es gab nichts anderes."

Vielleicht ein klein wenig übertrieben, aber für viele Jungens war es damals tatsächlich so. Hier kann man wohl festhalten, dass die Kinder und Jugendlichen zu dieser Zeit eine schönere Kindheit hatten (auch aus eigener Erfahrung, des Autors "Baujahr" 1964), obwohl der Luxus wie heute fehlte.

Aber es gab zu dieser Zeit mehr Freiheiten. Die Schulzeiten waren damals viel kürzer und der Leistungsdruck wesentlich geringer. Die meiste Zeit verbrachten die Kinder damals im Freien, Stubenhocker waren selten.

Und ein ungeschriebenes Gesetz war: Ihr könnt Unsinn machen, aber lasst euch nicht erwischen.

Dieses bezog sich z.B. auf Äpfel beim Nachbarn vom Baum klauen oder Angeln ohne Angelschein.

Paul Breitner

Paul Breitner wurde am 5. September 1951 in Kolbermoor geboren. Er spielte beim FC Bayern, Real Madrid, Eintracht Braunschweig und auch in der deutschen Nationalmannschaft. Mit dieser holte er 1972 die Europa- und 1974 die Weltmeisterschaft.

Paul Breitner war ein hochintelligenter und brillianter Spielertyp, der aber außerhalb vom Sportbetrieb mit provokanten Äußerungen auf sich aufmerksam machte.

Hierdurch löste er viele Diskussionen aus.

Eine der vielen positiven Eigenschaften von Breitner ist, dass er immer ehrlich und offen seine Meinung sagt.

Im Jahr 2004 wurde Breitner von Pelé auf die Liste der 125 besten noch lebenden Fußballer gesetzt.

Seit 2007 arbeitet Breitner als Scout für den FC Bayern München.

Paul Breitner und seine besten Sprüche

"Als Fußball-Profi konnte ich nur eines nicht: Mund halten und Diplomat sein."

Diesen Sachverhalt haben wir schon oben beschrieben. Paul Breitner ist ein intelligenter Mensch, der sich selbst bestens einschätzen kann.

"Atypisch war, dass ein Großteil der Mannschaft in den ersten 45 Minuten so gespielt hat, als hätten sie keine Trikots an, sondern eher Schlafanzüge."

Knallharte Kritik gepaart mit einem trockenen Humor trifft er hier den Sachverhalt zu 100 Prozent.

"Bei dieser großen Anzahl von Fußballspielen müßte man heutzutage die 9-Tage-Woche erfinden."

Das ist ebenfalls eine realistische Einschätzung. Viele Fußball-Profis werden physisch viel zu intensiv gefordert, weil die Anzahl der Pflichtspiele immer weiter steigt.

"Brecht verkrustete Strukturen auf, sonst ändert sich nie etwas. Bei euch tut sich seit Jahren nichts."

Diese provokanten Sprüche sind für Breitner typisch, aber treffen oft den Kern der Sache.

Uwe Seeler

Uwe Seeler

Uwe Seeler wurde am 5. November 1976 in Hamburg geboren. Zu seiner aktiven Zeit war er einer der besten Mittelstürmer der Welt und der "Bomber" der deutschen Nation. Mit ihm als Mannschaftskapitän wurde das deutsche Team bei der Weltmeisterschaft 1966 Vizeweltmeister. Auch beim dritten Platz bei der Weltmeisterschaft 1970 trug er die Kapitänsbinde. Wegen seiner Verdienste um den deutschen Fußball überhaupt ernannte ihn der DFB 1972 als zweiten Spieler überhaupt zum Ehrenspielführer der A-Nationalmannschaft, obwohl er nie einen Titel mit ihr gewann. Seit 2003 ist Uwe Seeler zudem Ehrenbürger seiner Heimatstadt Hamburg.

Von 1953 bis 1972 spielte er für den Hamburger SV. Hier traf er in 476 Spielen 404mal. 1978 spielte er zweimal für Cork Celtic, und erzielte hierbei einen Treffer.

Für Deutschland traf er in 72 Spielen 43mal.

Uwe Seeler und seine besten Sprüche

"Also ein normales Foul ist für mich nicht unfair".

Das stimmt nicht ganz, denn ein vorsätzliches Foul ist immer unfair.

"Wir stehen mit dem Rücken nicht mehr an der Wand, sondern in der Wand".
Besser kann man wohl eine (fast) aussichtslose Lage nicht beschreiben.

 # Uwe Seeler

"Ein Mittelstürmer verbringt die meiste Zeit seines Lebens im Strafraum."

Das ist wohl etwas übertrieben, obwohl es bei einigen Stürmern "gefühlt" wirklich real sein könnte, wie z.B. für Uwe Seeler oder Gerd Müller. Für diese beiden Stürmer war der Strafraum wohl doch ein zweites Zuhause.

"Ich bin dafür, jetzt erstmal mit der Relation im Dorf zu bleiben."

Upps, no comment.......

" Der große Favorit ist für mich Brasilien, der Geheimfavorit Italien, und Weltmeister wird Deutschland."

Hier formuliert Uwe Seeler seinen Optimismus auf eine interessante Art und Weise. Leider wurde er mit Deutschland nach diesem Spruch nicht Weltmeister.

"Ich entscheide die großen Dinge und meine Frau die kleinen. Welche Dinge groß und welche klein sind, entscheidet meine Frau."

Hier beweist Uwe Seeler seinen sympathischen Humor oder hat seine Frau wirklich die "Hosen" an.

 # Karl Heinz Rummenigge

Karl Heinz Rummenigge

Karl-Heinz „Kalle" Rummenigge wurde am 25. September 1955 in Lippstadt geboren. Er zählt zu den besten deutschen Fußballspielern aller Zeiten auf der Position des Stürmers.

In seiner aktiven Laufbahn war er für den FC Bayern München, Inter Mailand und Servette Genf aktiv.

Mit der deutschen Nationalmannschaft wurde er 1980 Europameister und führte sie als Mannschaftskapitän in die WM-Finals 1982 und 1986 und bei der Europameisterschaft 1984. Mit 162 Treffern in 310 Bundesliga-Spielen steht er auf dem elften Platz in der Torschützenliste der Fußball-Bundesliga.

Seit 2002 ist er Vorstandsvorsitzender der FC Bayern München AG. Weiterhin ist er Vorsitzender der European Club Association

Die größten Erfolge von Rummenigge

Nationalmannschaft:

Vize-Weltmeister: 1982 und 1986
Europameister: 1980

Verein:

Weltpokalsieger: 1976 mit dem FC Bayern München
Europapokalsieger der Landesmeister: 1975 und 1976 mit dem FC Bayern München

Karl Heinz Rummenigge

Deutscher Meister: 1980 und 1981 mit dem FC Bayern München

DFB-Pokal-Sieger: 1982 und 1984 mit dem FC Bayern München

DFB-Supercup-Sieger: 1983 (inoffiziell) mit dem FC Bayern München

Karl Heinz Rummenigge und seine besten Sprüche

"Alle Fußballer sind abergläubisch."

Na, ja, vielleicht die meisten........

"Alle Leute, die Bedeutendes leisten, verdienen entsprechend."

Hier stellt Rummenigge eine sehr einfache Gleichung auf. Wer bestimmt was bedeutend ist? Ist es bedeutend wenn 22 Spieler einem Ball hinterherlaufen? Das kann jede Leserin und Leser für sich selbst beurteilen.
Denken wir auch an Pflegeberufe, Krankenpfleger und Krankenschwestern im Hospiz, Soldaten, die unsere Demokratie unter Lebensgefahr verteidigen und viele andere Berufe. Hier wird Bedeutendes geleistet, aber sie verdienen mit Sicherheit nicht entsprechend.

Karl Heinz Rummenigge

"Am Anfang meiner Karriere konnte ich es mir vielleicht nicht so erlauben, mein Spiel zu machen, denn da stand ich in der Hierarchie des FC Bayern auf der untersten Sprosse. Da gab es ganz oben den Franz Beckenbauer, dann kamen Gerd Müller, Sepp Maier, Uli Hoeneß, Paul Breitner, dann die anderen Stammspieler."

Es ist immer gut wenn junge Spieler, wie hier Rummenigge, sich realistisch und bescheiden einschätzen.

"Bei der WM in Spanien, bin ich mit ihm auf einem Zimmer gelegen, da sind wir fünf Wochen Tag und Nacht zusammengewesen, haben sogar zusammen geschlafen."

Upps, vielleicht etwas unglücklich formuliert und lustig. Jeder weiß natürlich, dass er hier den Nachtschlaf meint.

"Der Toni Polster bekommt jetzt alles, was er von uns möchte - nur keinen Vertrag beim FC Bayern."

Klarer kann eine Absage nicht sein.....

"Disziplin wird künftig großgeschrieben. Ich habe fünf Kinder. Ich weiß, was Disziplin ist.

Weise gesprochen, eine Großfamilie läuft nur optimal, wenn ein gewisses Maß an Disziplin eingehalten wird. In einem großen Verein, der Erfog haben will, muss dies erst recht vorliegen.

 # Karl Heinz Rummenigge

"Ein Fußballspieler weiß, er kann den Erfolg nur mit der Mannschaft haben, aber er will auch über der Mannschaft stehen, und das erreicht er, indem er Tore schießt."

Stimmt, im Mittelpunkt einer Mannschaft stehen immer die erfolgreichen Torschützen und hervorragende Spielmacher.

"Es hat keine Absprachen gegeben, aber ein stillschweigendes Übereinkommen. Das hat sich während des Spieles ergeben."

Das nennt man blindes Verständnis.

"Es ist in den letzten Jahren sehr viel über Zuschauer geschrieben worden. Deshalb hat mich das interessiert, und ich bin mal in so einen Fan-Klub gegangen. Wenn man sich mit den Leuten dort unterhält, erfährt man, daß die Tag für Tag einen unheimlichen Frust erleben, entweder an ihrem Arbeitsplatz, weil sie eine absolut stupide Tätigkeit ausführen müssen, oder zu Hause, wo sie in total zerrütteten Familien leben. Wenn die dann, zum Teil schon betrunken, in die Stadien gehen und durch die Masse noch Mut bekommen, dann ist es menschlich verständlich, daß sie solche Schimpfwörter von sich geben. Gut, ich will das nicht unterstützen. Aber ich kann diese Menschen auch nicht verachten."

Hier beweist Rummenigge höchste Empathie. Er kann sich in diese Menschen hineinversetzen, und Ihre Handlungen nachvollziehen.

Ein Lehrer, der auf Schalke unterrichtet, und selbst ein großer Schalke-Fan ist , hat die Angewohnheit seine neuen Schüler nach ihrer Lieblingsmannschaft im Fußball zu fragen. Er fragt seine Klasse also: "Wer von euch ist denn Schalke-Fan?"

26 Schüler heben den Arm und bejahen laut, dass ihr Herz für den Verein FC Schalke 04 schlägt.

Nur ein Mädchen zeigt nicht auf.

Lehrer: "Was bist du denn für ein Fan?"

Mädchen: "FC Bayern München".

Lehrer: "Ja, und Warum?"

Mädchen: " Mein Vater ist in München als Rechtsanwalt tätig, meine Mutter war dort fünf Jahre lang engagierte Ärztin und ich bin in München zur Welt gekommen. Und habe dort die ersten fünf Jahre meines Lebens verbracht."

Lehrer: "Und das reicht aus, um Bayern-Fan zu werden? Was wäre denn, wenn deine Mutter in einem Nachtclub arbeiten würde, und dein Vater ein schlimmer Alkoholiker wäre."

Mädchen: "Ja, dann wäre ich mit Sicherheit auch Schalke-Fan geworden."

Thorsten Legat

Thorsten Legat und seine besten Sprüche

"Eins ist auch klar: Wenn die Leute meinen, sie müssen aufhören, nur weil sie 'nen Finger gebrochen haben am Finger – Fußballspielen kann jeder."
Bei seiner Vorstellung als Trainer des FC Remscheid.

Upps, einen Finger am Finger gebrochen......

"Die Bayern vertragen keine Härte, und ich bin der erste, der anfängt damit."
Vor einem Spiel gegen den FC Bayern München.

Na, ja, wiederum eine sehr unglückliche Formulierung, aber man erkennt, was er meint.

"Ich bin jetzt 47. Es hat ein gewisses Alter auch dazu geführt, dass ich vier Kinder habe."

Na, ja, das ist vielleicht eine unglückliche Formulierung. Alter allein bringt noch keine Kinder hervor.

"Immer Castroper Straße rauf."
Als Spieler auf die Frage, wie er eigentlich zum Bodybuilding gekommen sei.

Nun wissen wir nicht, ob dies eine ernsthafte Antwort war oder ob Legat sich hier einen Spaß macht. Entscheiden Sie bitte selbst, liebe Leserinnen und Leser.

Oliver Kahn

Oliver Kahn

Oliver Rolf Kahn wurde am 15. Juni 1969 in Karlsruhe geboren, und ist wohl einer der besten Torhüter aller Zeiten aus Deutschland und auch weltweit.

Er spielte während seiner einzigartigen Karriere beim Karlsruher SC und dem FC Bayern München, wurde dreimal zum Welttorhüter des Jahres gewählt und bekam 2002 als bisher einziger Torhüter den Goldenen Ball für den besten Spieler der Weltmeisterschaft.

Er war 2000 bis 2004 Mannschaftskapitän der deutschen Nationalmannschaft und 2002 holte er mit ihr den Vizeweltmeistertitel.

Oliver Kahn startete im Alter von sechs Jahren seine Fußballkarriere, war zuerst Feldspieler, wechselte aber bald ins Tor. Er spielte zunächst für den Karlsruher SC, wo schon Kahns Vater Rolf von 1963 bis 1965 in der Fußball-Bundesliga gespielt hatte. Auch sein Bruder Axel spielte für diesen Verein mehrere Spiele im Profifußball.

Auf der Torhüterposition durchlief Oliver Kahn den Jugendbereich und agierte darauf in der Amateurmannschaft des Vereins. In der Saison 1987/88 befand er sich zum ersten Mal bei den Profis auf der Ersatzbank und feierte am 27. November 1987 in Köln sein Bundesligadebüt. Bereits 1990 hatte er sich in der Bundesligamannschaft des KSC einen Stammplatz erkämpft, und spielte bis zu seinem Wechsel als unangefochtene Nummer eins im Tor. Kahn stand auch beim Wunder vom Wildpark 1993 im Tor. Hier siegte der KSC gegen FC Valencia in einem UEFA-Pokal-Spiel mit 7:0.

Für 4,6 Millionen Deutsche Mark wechselte er 1994 zum FC

Oliver Kahn

Bayern München.

So viel wurde noch nie für einen Bundesliga-Torhüter gezahlt. Während seiner Zeit beim FC Bayern holte er mit seinem Team den UEFA-Pokal, acht Deutsche Meisterschaften, sechs Ligapokale, sechs DFB-Pokale sowie die UEFA Champions League und den Weltpokal.

Während seiner Vereinskarriere wurde Kahn manchmal von gegnerischen Fans mit Bananen beworfen (!), um ihn wegen seiner angeblichen Ähnlichkeit mit einem Gorilla zu verhöhnen. In der Saison 2000/01 kam es am letzten Spieltag gegen den Hamburger SV zu einem erstaunlichen Ereignis im Fernduell um die deutsche Meisterschaft mit Schalke 04. Das Spiel wurde aufgrund der Bananenwürfe und der daraus notwendigen Säuberungsarbeiten verspätet angepfiffen. Patrik Andersson traf in der 94. Minute mit einem indirekten Freistoß zum 1:1-Endresultat, durch den die deutsche Meisterschaft vor dem sich bereits als Meister wähnenden FC Schalke 04 in letzter Sekunde geholt wurde.

 # Oliver Kahn und seine besten Sprüche

Oliver Kahn und seine besten Sprüche

„Wir haben das Kapitel Nationalmannschaft endgültig auf den Grund gefahren."

Meinte er auf Eis gelegt oder beendet oder......?

„Ich rotiere höchstens, wenn ich Opfer des Rotationsprinzips werde."

No comment.......

„Ich dachte der Torwart darf im Strafraum die Hände benutzen."
(nach seinem Handtor im gegnerischen Strafraum)

Hier sehen wir wieder den einzigartigen Humor von Oliver Kahn, wobei er bei solchen Sprüchen immer in sich hineinlacht.

„Es gibt auch Leute, die sagen es gebe Außerirdische."
(auf die Frage ob Jens Lehmann der bessere Fußballer wäre)

Hier erkennen wir wieder den gleichen Humor......

„Der Trainer hat gesagt, wir sollen uns am Gegner festbeißen. Das habe ich versucht zu beherzigen."
(nach seinem versuchten Biß gegen Heiko Herrlich)
Oliver Kahn ist ein "Till Eulenspiegel", er nimmt wohl auch alles wörtlich.......

 # Oliver Kahn und seine besten Sprüche

„Da müssen wir uns aber lange unterhalten jetzt."
(auf die Frage nach den Defiziten der deutschen Nationalmannschaft)

Hu, ja an diesem Tag spielte die deutsche
Nationalmannschaft alles andere, aber keinen Fußball.

„Ich habe die Liebkosungen gar nicht mitbekommen."
(nach seiner kurzzeitigen Bewusstlosigkeit über die
medizinische Erstversorgung per Mund-zu-Mund-Beatmung
durch Sami Kuffour)

Und wieder der typische "Kahn-Humor"......

„Ich muss mich erst erkundigen, wie viele Golfspieler unter
den Zuschauern sind."
(auf die Frage zu Konsequenzen im nächsten Auswärtsspiel
bei Borussia Dortmund nach dem Golfballwurf in Freiburg)

Stimmt, ist nur ein Golfspieler unter den Zuschauern, ist der
Täter schnell gefunden.

 # Lothar Matthäus

Lothar Matthäus

Lothar Herbert Matthäus wurde am 21. März 1961 in Erlangen geboren. Er ist einer der besten Fußballer Deutschlands aller Zeiten. Er arbeitet heute (Stand 2016) als Fußball-Experte, u. a. seit 2012 für den deutschen Pay-TV-Sender Sky.

Matthäus war Teilnehmer an fünf Weltmeisterschaften teil (1982, 1986, 1990, 1994, 1998) und ist mit 150 Länderspielen deutscher Rekordnationalspieler und mit 75 Spielen Rekordspielführer der Nationalmannschaft. 1990 holte er mit der deutschen Nationalmannschaft den dritten WM-Titel. Zu diesem Zeitpunkt war er auch Kapitän und ist heute einer von fünf Ehrenspielführern der Nationalmannschaft.

Zu Beginn seiner Karriere wurde er außerdem Europameister mit seinem Team. 1990 war er Europas Fußballer des Jahres und im Jahr auch noch der erste Weltfußballer des Jahres überhaupt. Als Vereinsspieler agierte er überwiegend für Borussia Mönchengladbach, den FC Bayern München und Inter Mailand.

# Lothar Matthäus

Deutscher Meister (7): 1985, 1986, 1987, 1994, 1997, 1999, 2000 mit dem FC Bayern München

Italienischer Meister (1): 1989 mit Inter Mailand

Ostamerikanischer Meister (1): 2000 mit den Metro Stars

DFB-Pokal-Sieger (2): 1986 und 1998

DFB-Supercup-Sieger (1): 1987

DFB-Ligapokal-Sieger (3): 1997, 1998, 1999

Italienischer-Supercup-Sieger (1): 1989 mit Inter Mailand

UEFA-Pokal Sieger (2): 1991 mit Inter Mailand, 1996 mit dem FC Bayern München

Europapokal der Landesmeister/UEFA Champions League-Finalist (2): 1987, 1999 mit dem FC Bayern München

 # Matthäus und seine besten Sprüche

Lothar Matthäus und seine besten Sprüche

„Ein Lothar Matthäus kann es sich nicht leisten, sich zu blamieren"

Das sollte man mit Sprüchen und Englisch wohl auch nicht tun. Warum? Das werden Sie weiter unten gleich lesen.

„Ein Lothar Matthäus lässt sich nicht von seinem Körper besiegen, ein Lothar Matthäus entscheidet selbst über sein Schicksal."

Wir wissen wohl, was er damit meint. Allerdings ist die Formulierung sehr unglücklich gewählt.

„Ein Lothar Matthäus braucht keine dritte Person. Er kommt sehr gut allein zurecht."

Wir hoffen, dass hier ein Versprecher vorliegt, und keine Schizophrenie.

„Ich hab' gleich gemerkt, das ist ein Druckschmerz, wenn man drauf drückt."

Eine sehr logische Erklärung von Druckschmerz äußert Matthäus hier.

"Ein Wort gab das andere- wir hatten uns nichts mehr zu sagen."
No comment.......

40

 # Matthäus und seine besten Sprüche

"Schiedsrichter kommt für mich nicht in Frage, schon eher etwas, das mit Fußball zu tun hat."

Na, ja, so ganz Unrecht hat er ja nicht. Die meisten Schiedsrichter haben keine Ahnung vom Fußball und auch Nichts mit Fußball zu tun.
Denn nur ein kleiner Anteil von Schiedsrichtern pfeift im Fußballsport. Denken wir an die Schiedsrichter aller anderen Sportarten.
Wir wollen nicht hoffen, das Matthäus diese Aussage auf Schiedsrichter im Fußball bezogen hat. Aber wir ahnen nichts Gutes......

"Das Chancenplus war ausgeglichen."

Unglückliche Formulierung, aber man versteht doch den Inhalt.......

"Wir dürfen jetzt nicht den Sand in den Kopf stecken."

Upps, ein lustiger Versprecher......

"Es ist wichtig, dass man 90 Minuten mit voller Konzentration an das nächste Spiel denkt."

Also wir glauben, dass Matthäus Folgendes damit meint:
Nach Abpfiff eines Fußballspiels sollte man sich hundertprozentig auf das nächste Spiel konzentrieren.

 # Matthäus und seine besten Sprüche

"Jeder, der mich kennt und der mich reden gehört hat, weiß genau, dass ich bald englisch in sechs oder schon in vier Wochen so gut spreche und Interviews geben kann, die jeder Deutsche versteht."

Also spricht er dann englisches Deutsch, Denglisch oder meint er, dass ihn dann jeder Engländer bzw. Brite versteht und er sich lediglich versprochen hat?

"I look not back, I look in front."

Wir glauben er meint "I look forward".

Wichtig ist, dass er jetzt eine klare Linie in sein Leben bringt."
(zum Kokain-Geständnis von Daum)

Nein, bitte keine klaren Linien mehr. Aber wir glauben, dass Matthäus nur ein unglückliche Formulierung wählte.

Witzeecke

Der Sohn eines Fußballers bringt stolz sein Zeugnis nach Hause: "Papa, mein Vertrag mit der vierten Klasse wurde erfolgreich verlängert!"

Franz hat sich beim Fußball spielen das Bein gebrochen. Nach ca. 4 Wochen meldet er sich beim Chef wieder zurück.

"Ja, wie geht's denn, Franz, ist das Bein wieder in Ordnung?"

"Alles in bester Ordnung, Chef!" freut sich Franz,
"Ich kann jetzt besser gehen als zuvor!"

"Das freut mich. Was dir jetzt noch fehlt, ist eine ordentliche Gehirnerschütterung!"

Herr Müller war in Brasilien in Urlaub.
Nach seiner Rückkehr fragt ihn der Chef: "Und Herr Müller, wie war's denn in Rio?"

"Ach wissen Sie, eigentlich leben in Brasilien nur Prostituierte und Fußballspieler!"

Chef: "Habe ich Ihnen überhaupt schon erzählt, dass meine Frau Brasilianerin ist?"

"Oh, bei welchem Verein spielt sie denn?"

Jürgen Klopp

Jürgen Klopp

Jürgen Norbert Klopp wurde am 16. Juni 1967 in Stuttgart geboren. Er ist wohl einer der besten deutschen Fußballtrainer aller Zeiten.

Nach einigen kurzen Phasen im Amateurfußball war Klopp von 1990 bis 2008 für den 1. FSV Mainz 05 tätig, erst als Spieler und ab 2001 als Trainer. 2004 führte er Mainz erstmals in die Bundesliga. 2008 wechselte er schließlich zu Borussia Dortmund. Hier holte er mit seinem Team 2011 und 2012 die Deutsche Meisterschaft, und gewann das Double durch den Pokalsieg 2012. Weiterhin schaffte er im Jahre 2015 das Finale der UEFA Champions League 2013 und zwei weitere Pokalendspiele.

Seit Oktober 2015 ist Klopp Teammanager des FC Liverpool.

Jürgen Klopp und seine besten Sprüche

„Es geht derzeit um die TV-Rechte. Jetzt wissen wieder alle, warum sie so viel blechen sollen."
Ja, das stimmt. Manche TV-Gebühren sins maßlos überzogen

„Beim KSC erwecken sie clevererweise den Eindruck, sie würden den Klassenverbleib anstreben. Ich war in Karlsruhe und habe mich im Wildparkstadion in den VIP-Bereich verlaufen. Wer seinen Gästen so etwas zu essen gibt, der will aufsteigen."
Das ist eine nette Gleichung, die Klopp hier aufstellt. Gutes Essen im VIP-Bereich bedeutet Aufstiegswille. Einen schönen Humor beweist er hier.

Jürgen Klopp

„Beim ersten Interview war ich sehr enttäuscht. Beim zweiten zehn Minuten später ging es schon besser. Wenn ich noch eine halbe Stunde warte, dann habe ich wahrscheinlich das Gefühl, dass wir gewonnen haben."

Hier erkennen wir wieder den gleichen köstlichen Humor von Klopp.

„Als der BVB das letzte Mal hier vor 19 Jahren gewonnen hat, wurden die meisten meiner Spieler noch gestillt."

No comment.......

„Ich beglückwünsche jeden Fan, der bei unserem Spiel in Cottbus bis zum Schluss vorm Fernseher durchgehalten hat."

Wer das Spiel gesehen hat, weiß wie recht Klopp mit dieser Aussage hat.

„Ich hab' meinen Spielern in der Pause gesagt: „Wenn wir schon mal hier sind, können wir doch eigentlich auch ein bisschen Fußball spielen."

Besser kann man eine sehr schlechte sportliche Aufführung im Fußball wohl kaum in Worte fassen.

Jürgen Klopp

„Ich habe es in meiner aktiven Karriere leider nicht geschafft, auf dem Platz das zu bringen, was sich in meinem Gehirn abgespielt hat. Ich hatte das Talent für die Landesliga und den Kopf für die Bundesliga – herausgekommen ist die zweite Liga."

Klopp über seine Spieler-Karriere

Hier erkennen wir, dass ein intelligenter Spieler wie Jürgen Klopp Talentmangel ausgleichen und damit einige Spielklassen höher spielen kann.

„Wir werden auf ihn warten wie eine gute Ehefrau, die auf ihren Mann wartet, der im Knast sitzt."
Jürgen Klopp über den verletzten Abwehrspieler Mats Hummels.

Das ist eigentlich ein sehr guter Vergleich, und beweist die damalige Bedeutung von Mats Hummels für den Verein.

„Als der BVB das letzte Mal hier vor 19 Jahren gewonnen hat, wurden die meisten meiner Spieler noch gestillt."

Klopp nach einem Sieg gegen die Bayern und deutet auch das geringe Durchschnittsalter seines Teams an.

„Ich bin – das wird nun überraschen – nicht blöd! Ich merke, wenn ich Glück habe. Und der BVB ist ein Geschenk!"

Nun gut, hier ist er sehr bescheiden. Jeder weiß, dass Jürgen Klopp ein sehr intelligenter Mensch ist.

# Jürgen Klopp

„Der Einzige, der das wirklich gar nicht witzig fand, war Marcel Reif, aber der findet in seinem Leben sowieso nichts mehr witzig."
Klopp im Zusammenhang mit dem Torjubel von Pierre-Emerick Aubameyang und Marco Reus

No comment.......

„Zuerst einmal möchte ich mich bei Ihnen bedanken. Ich sehe Sie hier zum ersten Mal, aber direkt eine Forderung zu stellen, was ich zu sagen habe… Hut ab! Welches Ressort? Was machen Sie? Tierfilme? Sport, oh, alles klar."
Klopp zu einem WDR-Journalisten, der vor dem Champions-League-Spiel gebeten hatte, auf Floskeln zu verzichten.

Hier weist Klopp sehr geschickt einen WDR-Journalisten in die Schranken, der wohl etwas zu sehr dominant auftritt (noch freundlich formuliert).

# Pele und seine besten Sprüche

Pele und seine besten Sprüche

"Als ich 1969 im Maracana-Stadion mein tausendstes Tor geschossen habe, läuteten in ganz Brasilien die Kirchenglocken. Ich habe mir damals gewünscht, dass alle Kinder aus armen Verhältnissen eine Chance auf ein besseres Leben bekommen. Es hat sich seitdem leider viel zu wenig getan. Kinderarbeit ist noch immer ein Problem. Gerade deshalb ist es wichtig, jetzt den Kampf dagegen nicht aufzugeben."

Pele ist als Kind in ärmlichen Verhältnissen aufgewachsen, und dann mit seiner Fußballkarriere zu einem reichen Mann geworden. Er hat es gelernt in Armut und auch in Reichtum zu leben. Dies machte ihn zu einer absoluten Persönlichkeit. Bis heute (Stand 2017) engagiert sich Pele gegen Kinderarbeit und -armut. Hier hilft ihm auch der Glaube an Gott, wie dies in weiteren Zitaten unten noch deutlicher wird.

"Arm, reich, hässlich oder schön, für Gott sind alle Menschen gleich. Warum er ausgerechnet mir diese Gabe geschenkt hat, weiß ich nicht. Ich hätte in meinem Leben nur Fußball spielen können. Michelangelo hat gemalt, Beethoven Klavier gespielt und ich Fußball."

Hier erkennen wir wieder die Bescheidenheit von Pele und auch seinen Glauben.

 # Pele und seine besten Sprüche

"Das Problem ist, dass Beckham das berühmte Spice Girl geheiratet hat und nun eher ein Popstar als ein Fußballspieler ist."
Hier beweist Pele einen gesunden Humor.

"Ein Leben ohne Fußballspielen kann ich mir gar nicht vorstellen. Ich hoffe, dass man auch im Himmel Fußball spielen kann!"

Das hoffen wir für Pele auch.

"Es wird nur einen Pelé geben, wie es auch nur einen Frank Sinatra oder nur einen Michelangelo gegeben hat. Ich war der Beste."

Hier kann man geteilter Meinung sein. Pele gehört aber mindestens zu den fünf besten Fußballern aller Zeiten. Wir dürfen hier Spieler wie Maradona, Messi, Ronaldo oder Friedenreich (den meisten nicht mehr bekannt, gleich aber mehr zu diesem Spieler) nicht vergessen.

"Ich komme aus einer sehr religiösen Familie. Der Glaube ist allgemein sehr wichtig für die Brasilianer. Deshalb ist die Begegnung mit dem Papst ein besonderes Ereignis für mich. Auch Papst Benedikt habe ich kurz vor der Fußball-WM in Deutschland getroffen. Somit habe ich bereits von drei Päpsten den Segen erhalten."

Cristiano Ronaldo

Cristiano Ronaldo und seine besten Sprüche

"Wenn alle auf meinem Niveau spielen würden, wären wir Erster."

Klar, eine gesamte Mannschaft mit dieser Leistungsfähigkeit wäre natürlich unschlagbar.

"Eure Liebe macht mich stark, euer Hass macht mich unaufhaltbar."
No comment........

"Wenn mich jemand als den Besten der Welt bezeichnen würde, würde mich das nicht überraschen."
Ronaldo hat einen eigenartigen Humor. Mindestens bis ins Jahr 2015 war er wohl für jeden zweiten Menschen auf diesem Planeten der beste Fußball-Spieler (die anderen 50 Prozent sahen in der gleichen Zeit wohl Messi an dieser Stelle).

"Die Leute beneiden mich, weil ich reich, schön und ein guter Fußballer bin. Es gibt keine andere Erklärung."
Natürlich beneiden viele Menschen Cristiano Ronaldo genau aus diesen Gründen. Ronaldo schätzt sich realistisch ein und kommt sehr arrogant rüber. Aber man muss bedenken, dass dies auch ein Selbstschutz sein kann. Denken wir daran, wie liebevoll Ronaldo mit kleinen Kindern umgeht oder wie viel er für seine Verwandtschaft und Bedürftige tut.
Weiterhin sind die meisten wohl "positive" Neider und viele Menschen gönnen Cristiano Ronaldo seinen Erfolg.

"Die Schiedsrichter sagen sie schützen die talentierten Spieler. Aber wenn ich spiele, beschützt mich niemand. Andere kann man nicht anrühren, aber mich darf man mit einem Stock schlagen. Ich verstehe das nicht.
Hier hat Ronaldo nicht ganz unrecht. Hervorragende Spieler werden wohl häufiger gefoult, weil die durchschnittlichen Spieler oft nicht anders verteidigen können. Denken wir nur an Pele bei der WM 1966.

"Ich liebe es, den Hass in den Augen der Leute zu sehen und ihre Beleidigungen zu hören. Es macht mir nichts aus. Es gibt viele Leute, die mich hassen, aber es gibt mehr, die mich schätzen. Ich fühle mich nur dann schlecht, wenn ich schlecht spiele. Glücklicherweise passiert das selten."
Die Aussage ist vollkommen realistisch. Allerdings werden die meisten Menschen höchsten Respekt vor Cristiano Ronaldo haben. Natürlich fühlt er sich nach einem schlechten Spiel auch schlecht. Denn dann hat er seinen Job schließlich nicht gut erledigt, und bei einem solchen Gehalt kann man (fast) immer eine Top-Leistung erwarten.

"Wer ist Götze? Ist er gut? Auf welcher Position spielt er? Ich habe leider kaum Gelegenheiten, mir Bundesligaspiele anzuschauen."
Ein absoluter Weltklasse-Spieler wie Ronaldo muss nun wirklich nicht alle Bundesliga-Spieler aus Deutschland namentlich kennen. Aber Götze sollte ihm doch bekannt sein. Wir wollen aber in diese Aussage nichts Negatives hineininterpretieren.....

Lionel Messi

Messi und seine besten Sprüche

"Um zu einer Legende zu werden, muss man einen WM-Titel holen."

Hier hat er wohl weitgehend recht. Denken wir an Spieler wie Arthur Friedenreich oder Ferenc Puskas. Zu ihrer Zeit die besten Spieler der Welt. Doch wer kennt sie noch?

"Wir spielen den schönsten Fußball, haben die schönsten Spieler und wissen, wie wir unsere Frauen behandeln müssen."

Natürlich fehlt in diesem Satz: "Wir haben auch die schönsten Frauen."

# Witzeecke

Der Platzordner beobachtet nach Ende des Fußballspiels einen Jungen über den Zaun klettern und ruft: "Kannst du nicht da rausgehen, wo du reingekommen bist?"

Der Junge: "Das mache ich doch gerade"

Ein Wahnsinniger hockt vor der Waschmaschine und starrt ins Glas.

Ein zweiter Irrer kommt vorbei und fragt: "Und, zeigen Sie schon das Fußballspiel?"

"Nein, das dauert noch. Im Augenblick wird noch gezeigt, wie die Trikots der Spieler gewaschen werden."

Trainer zum Stürmer: "Du spielst heute gegen Karl Totengräber."

"Das ist ja unmenschlich. Der tritt gegen alles, was sich bewegt!"

Trainer: "Dann besteht für dich ja überhaupt kein Risiko!"

 # George Best und seine besten Sprüche

George Best und seine besten Sprüche

"Ich habe viel von meinem Geld für Alkohol, Weiber und schnelle Autos ausgegeben. Den Rest habe ich einfach verprasst."

Meinte er diesen Spruch ernst? Also sein Geld für Autos, Weiber und schnelle Autos ausgeben, ist kein verprassen?
Na, gut, es bleiben noch Glücksspiel, Yachten, Jets usw.
George Best war ein absolutes Unikat, deswegen liebten ihn die Fans so sehr......

"Ich könnte den anonymen Alkoholikern beitreten. Das Problem dabei ist nur, ich kann nicht anonym bleiben."

Nein, anonym konnte er seine Sucht nicht lange halten, dafür war sie zu extrem.

"Da kam dann das Elfmeterschießen. Wir hatten alle die Hosen voll, aber bei mir lief's flüssig."

No comment......

Ferenc Puskas

Ferenc Puskas und seine besten Sprüche

"Bringt mir ein Schmalzbrot mit roten Zwiebeln."

No comment.......

"Kleines Geld, kleines Spiel - großes Geld, großes Spiel."

Diese Aussage von Ferenc Puskas beweist, dass schon damals die Bezahlung im Fußball eine große Rolle spielte.

"Minister kann jeder werden, aber Puskás gibt es nur einen."

Hier unterstreicht er seine Position als absoluter Ausnahmespieler, von denen es in jeder Epoche nur wenige gibt. Einen Ministerposten kann aber "gefühlt" jeder Zweite ausüben.

"Wir waren keine hochintelligenten Menschen, um die wahren Hintergründe zu begreifen. Uns trug man auf Händen, mit Politik beschäftigten wir uns nicht."

Hier spielt Puskas auf das damalige Regime in Ungarn an, und das sich die ungarische Nationalmannschaft nur mit Fußball beschäftigte und nicht mit Politik.
Dies ist wohl aus damaliger Sicht auch sehr verständlich.

 # Platini und seine besten Sprüche

Michael Platini und seine besten Sprüche

"Den Mächtigen muss man manchmal auf die Zehen steigen."

(Gedanken des ehemaligen Superstars - und am 26. 1. 2007 zum Präsidenten der UEFA gewählten Franzosen mit weiteren Zitaten unten in diesem Zusammenhang)

"Er kann sagen, was er will. Das ist mir egal. Herr Lahm ist nicht mein Chef. Er hat von mir nichts zu fordern. Er ist Kapitän der deutschen Nationalmannschaft, nicht Kapitän der Uefa."

Dies ist eine deutliche Ansage von Platini an Lahm, den er wohl zurecht in seine Schranken weist.

"Fachleute haben mir gesagt, ich würde acht bis zehn Jahre brauchen, um alle meine Ideen umzusetzen."

Na, ja die Fachleute müssen es ja wissen.....

"Fußball ist ein Spiel, kein Produkt, ist Sport, kein Markt, zunächst ein Spektakel - und kein Geschäft."

Also wenn der Profi-Fußball kein "Riesen-Geschäft" ist.......

 # Witzeecke

Der Trainer unterbricht den Fernsehkommentator, "können Sie nicht ein bisschen langsamer sprechen? Meine Spieler können gar so schnell rennen wie Sie sprechen!"

Ein Fan geht zum Ticketschalter und legt einen 500 Euro Schein auf den Tisch.
Darauf sagt die Verkäuferin: "Wollen Sie ein Ticket oder einen Spieler kaufen?"

Messi kommt humpelnd zum Arzt. "Na, haben Sie sich beim Training verletzt?"
"Nein, mir ist mein Gehaltscheck auf den Fuß gefallen."

Der Pfarrer wundert sich, dass kaum jemand zu seiner Messe gekommen ist. Da bemerkt er auch noch, dass der Organist nicht da ist.
"Aber wer spielt denn jetzt?" fragt er erschrocken den Messdiener.
"Soweit ich weiß, Deutschland gegen Italien."

Nach dem Spiel sagt ein Fußballfan zum anderen: "Also in der zweiten Halbzeit waren unsere Spieler ja noch langsamer als in der ersten."
"Das ist richtig, aber der Trainer soll sie in der Kabine auch ganz schön zur Schnecke gemacht haben."

 **Joachim Löw und seine besten Sprüche**

Joachim Löw und seine besten Sprüche

"Es muss Disco-Lautstärke auf dem Platz vorhanden sein." (Forderung von Assistenztrainer Löw nach mehr Kommunikation auf dem Platz - September 2005)

"Es ist nicht so, dass wir beratungsresistent irgendwo im Zimmer oder im Keller sitzen." (Assistenztrainer Löw zum Vorwurf gegen ihn und Bundestrainer Jürgen Klinsmann, Kritik aus der Bundesliga nicht anzunehmen - Oktober 2005)

Das sind immer wieder die negativen Kritiken, die von außen kommen. Aber Löw reagiert wie (fast) immer souverän.

"Es ist der falsche Ansatz zu sagen, wir müssen zurück zu alten deutschen Tugenden, Laufen und Kämpfen. Das würde bedeuten, zu einem Jugendlichen zu sagen, du musst Rechnen können, dann wirst du Mathematik-Professor." (Löw in Genf bei einer Generalkritik am deutschen Fußball - Mai 2006)

Die Aussage und das Gleichnis sind vortrefflich, "Kick and Rush" sind Schnee von gestern.

"Ich habe einen Teil der Mannschaft per SMS informiert, weil alle ja im Moment an verschiedenen Orten dieser Welt in Urlaub sind. Ich weiß nicht, ob ich wegen der Zeitverschiebung einige geweckt habe im Schlaf. Einige haben mir danach mitgeteilt: Herzlichen Glückwunsch" (Löw nach der Vertragsverlängerung - Juli 2010).

 **Joachim Löw und seine besten Sprüche**

No comment........

"Was hat mal ein ganz großer Kollege von mir gesagt, Giovanni Trapattoni: Ein Trainer ist kein Idiot!" (Löw auf die Frage, wie seine Personalentscheidungen zustande kämen, mehr aus Gefühl oder mehr aus Erkenntnissen - Juni 2012)

Wieder reagiert Löw souverän. Ein Trainer, der nach dem Gefühl oder nur nach dem Gefühl handelt, kann nicht erfolgreich sein.

"Wir spielen mit einem Torhüter, mit Abwehrspielern. Wir spielen natürlich auch mit einem Stürmer." (Löw auf die Frage, ob er im WM-Qualifikationsspiel gegen Kasachstan wieder ohne "echte" Sturmspitze spielen lassen werde - März 2013)

Gute Antwort auf eine blöde......

"Ein Nationaltrainer darf nicht Fähnchen im Winde sein. Ich muss Entscheidungen treffen. Dass es viele selbst ernannte Bundestrainer gibt, das ist auch normal. Das kenne ich seit vielen Jahren." (Löw zur Kritik an seiner Führungsstil und seiner Personalpolitik - Oktober 2013)

Auch hier beweist Joachim Löw seine Souveränität und Schlagfertigkeit.

Zlatan Ibrahimovic

Zlatan Ibrahimovic

Zlatan Ibrahimovic wurde am 3. Oktober 1981 in Malmö geboren, und ist ein schwedisch-bosnischer Fußballspieler. Als einziger Spieler wurde der Stürmer zehnmal mit dem Guldbollen als schwedischer Fußballer des Jahres ausgezeichnet, sensationell davon neunmal in Folge. Er ist einer der besten Stürmer der Welt (Stand bis 2016), und fällt extrem durch seine starke Technik und spektakulären Spielszenen auf. Seit Sommer 2016 steht Ibrahimovic bei Manchester United unter Vertrag. Von 2001 bis 2016 spielte er für die schwedische Nationalmannschaft, und traf hier 62mal

Zlatan Ibrahimovic und seine besten Sprüche

"Ihr redet, ich spiele."

Hier stellt Ibrahimovic gleich klar, wer der Chef im "Ring" ist.

"Glaubst du an Jesus?
Dann glaubst du an mich!"

Diesen Spruch möchten wir aus verständlichen Gründen nicht kommentieren.

"Denkst du, du bist meine Mutter?", fuhr er einst seinen Juniorentrainer an, als er mehr Disziplin von ihm forderte. Wir denken, dass es Zlatan Ibrahimovic schwerfällt, sich unterzuordnen.

Zlatan Ibrahimovic

Die Beziehung zwischen Barcelona-Trainer Guardiola und dem Schweden war sehr bescheiden. Das endgültige Aus kam, als Ibra ihn unter vier Augen wie folgt anfuhr: "Du hast keine Eier und scheißt dir vor Mourinho in die Hose. Im Vergleich zu ihm bist du ein Nichts - fick' dich!"

Das ist absolute Respektlosigkeit gegenüber einem der besten Trainer der Welt, und wird nicht weiter kommentiert.

Der norwegische Nationalstürmer John Carew warf dem Schweden eins vor, nicht effektiv zu spielen. Ibrahimovics Antwort: "Was der mit dem Ball kann, kann ich mit einer Orange."

Dieser Vergleich ist nicht unbedingt falsch, Ibrahimovic spielt schon eine ganze Klasse besser als John Carew.

Auf die Frage einer katalanischen TV-Reporterin nach seiner sexuellen Neigung, gab Zlatan folgende Antwort: "Komm mit deiner Schwester in mein Haus, dann siehst du, ob ich schwul bin."

Man sollte aufpassen wem man diese Frage stellt. Der Schuss ging hier wohl nach hinten los.

"Wir brauchen den Philosophen nicht, der Zwerg und ich reichen vollkommen." (Wobei er wohl mit dem Philosophen Guardiola und mit dem Zwerg Messi meint).

# Zlatan Ibrahimovic

Hier stellt Ibrahimovic wohl klar, wen er für die besten Spieler der Welt hält (Stand bis 2016), sich selbst und Messi. Unrecht hat er wohl nicht, aber Ronaldo fehlt noch.

"Gibt es einen Verteidiger, den Sie fürchten?" "Nein, denn wer mich stoppen will, muss mich umbringen."

Eigentlich keine schlechte Antwort.......

Auf die Frage nach seinen Idolen, sagte er: "Gibt es nicht. Es gibt nur den Zlatan-Stil."

Auch hier trotzt Ibrahimovic wieder vor Selbstbewusstsein.

Einmal erläuterte er ein Dribbling gegen Sami Hyppiä so: "Ich ging nach links, er ging mit. Ich ging nach rechts, er ging mit. Dann ging ich noch mal nach rechts, und er ging zum Würstchenstand."

Einzigartige und perfekte Beschreibung wie Zlatan einen Verteidiger absolut schwindelig spielte.

David Beckham

David Beckham

David Robert Joseph Beckham wurde am 2. Mai 1975 in London geboren. Im Jahre 2004 nahm ihn Pelé in die Liste der weltweit 125 besten lebenden Fußballer auf. Neben seinen sportlichen Erfolgen ist Beckham auch im Geschäftsbereich außerhalb des Fußballs aktiv. Nach einer Einschätzung des amerikanischen Nachrichtenmagazins Time war er 2004 eine der 100 weltweit einflussreichsten Geschäftsleuten. Außerdem ist eine der global erfolgreichsten Werbefiguren.

Beckham wurde 1999 und 2001 jeweils Zweiter bei der Wahl zum Weltfußballer des Jahres. Er ist bisher (Stand 2016) der einzige Engländer, der in drei verschiedenen Weltmeisterschaftsturnieren jeweils ein Tor erzielen konnte und erst der fünfte Spieler überhaupt, dem dabei mindestens zwei direkt verwandelte Freistoßtore gelangen.

Seine Profikarriere begann er 1992 im Alter von 17 Jahren bei Manchester United.

David Beckham

David Beckham und seine besten Sprüche

"Ich würde mich nie über meine Stellung oder über die Aufmerksamkeit, die ich erhalte, beschweren. Im Endeffekt bin ich sehr glücklich mit dem, was ich habe und tue, aber ich denke nicht, dass ich irgendwie anders bin als jeder, der hart arbeitet, Vater und Ehemann ist."

Hier äußert sich Beckham sehr bescheiden über seinen Ruhm. Gleichzeitig zeigt er hier Respekt über jede fleißige Person und fürsorgliche Eltern.

"Nun, ich kann im Zentrum, auf der rechten und gelegentlich auf der linken Seite spielen."

Natürlich konnte ein David Beckham auf (fast) jeder Position spielen.

"Ich erinnere mich genau daran, wie wir ins Krankenhaus gingen, in dem Victoria Brooklyn bekam. Ich aß damals einen Lion-Riegel."

Beckham über die Geburt seines Kindes und einer seiner schönsten Erinnerungen.

"Ich bereue meine Entscheidung zum Rücktritt nicht. Mein Körper verlor an Schärfe. Ich brauchte immer länger, um mich von Verletzungen zu erholen. Irgendwann muss man aussteigen."

David Beckham

Beckham erklärt hier kurz seinen Rücktritt, was man besser, präziser und kurzer nicht hätte formulieren können. Immer wieder erkennt man die hohe Intelligenz von Beckham, welche sich auch in seinem Geschäftsleben immer wieder zeigt.

"Ich werde nie vergessen, wo ich herkomme, nie meine Wurzeln vergessen. Es ist egal, wo ich lebe. Ich bin Engländer, so einfach ist das."

Ich glaube, wir können hier von einer gesunden Einstellung sprechen.

"Alex Ferguson ist der beste Trainer, den ich auf diesem Niveau je hatte. Nun, eigentlich ist er der einzige Trainer, den ich auf diesem Niveau hatte. Aber er ist der beste Trainer, den ich je hatte."

Schönes Lob an Alex Ferguson (gleich unten mehr von ihm)

Alex Ferguson

Sir Alexander Chapman „Alex" Ferguson wurde am 31. Dezember 1941 in Glasgow geboren. Er ist ein ehemaliger schottischer Fußballspieler und -trainer. Ferguson ist wohl einer der besten Trainer aller Zeiten. Von 1986 bis 2013 trainierte er Manchester United. In etwa 27 Jahren gewann Ferguson mit United 38 Titel, unter anderem 13-mal die englische Meisterschaft, fünfmal den FA Cup, zweimal die Champions League und einmal den Europapokal.

Alex Ferguson und seine besten Sprüche

Sie sollten nicht versuchen, in das Gehirn eines Verrückten zu schauen." (Über sich selbst)

No comment.......

Zum Sportchef des Daily Mirror auf die Frage, ob dieser etwas tun könne, um das Verhältnis des Blattes zu Ferguson zu normalisieren: "Ja, das können Sie - indem Sie sich ins Knie f***** und sterben."

Das war eine deutliche Ansage an den Chef des Daily Mirror, aber nicht auf die feine englische Art. Ach, ja, Ferguson ist doch Schotte.....

Alex Ferduson

Bei seinem Amtsantritt 1986 über den damaligen Rekordmeister: "Ich will Liverpool von ihrem verdammten Ast hauen."

Dies ist wiederum eine klare Ansage an den "Feind".

Aus Fergusons Halbzeitansprache im Endspiel der Champions League 1999 gegen Bayern München: "Am Ende dieses Spiels wird der Europacup nur sechs Fuß von Euch entfernt stehen - und ihr werdet ihn nicht einmal anfassen dürfen. Und viele von Euch werden nie mehr so nah rankommen. Wagt es ja nicht, hier nachher reinzukommen, ohne alles gegeben zu haben."

Hier zeigt sich das souveräne Auftreten von Ferguson als Trainer, und wir erkennen, warum seine Spieler immer so viel Respekt vor ihm hatten.

Ferguson: "Wenn mir ein Italiener sagt, dass das auf dem Teller Pasta ist, schaue ich unter der Soße nach, um sicher zu gehen. Die sind die Erfinder der Vernebelungstaktik."

Besser kann man die Taktik des italienischen Fußballs wohl kaum erklären.

Ferguson: "Pippo Inzaghi wurde im Abseits geboren."

Pippo Inzaghi lief wohl etwas oft ins Abseits.

Johan Cruyff und seine besten Sprüche

"Ein Titel ist gut, zwei Titel sind besser. Da läuft sich der Held, wenn er seine Orden trägt, die Absätze wenigstens gleichmäßig schief."

Hier beweist Cruyff direkt seinen trockenen und köstlichen Humor.

"Fußball spielen ist sehr simpel, aber simplen Fußball zu spielen, ist das Schwierigste überhaupt."

In einem Satz verdeutlicht Cruyff wie man erfolgreich Fußball spielt. Einfache Pässe, mit wenig Spielstationen vor das gegnerische Tor und mit einem eiskalten Abschluss zum Torerfolg kommen. Und nicht mit "Kniechen, Näschen, Öhrchen, Törchen" zu kompliziert agieren.

"Bevor ich einen Fehler mache, mache ich ihn erst gar nicht."

Johan Cruyff hat in seiner gesamten Fußballkarriere wirklich wenig Fehler begangen. Er gehört nicht umsonst zu den besten Fußballern aller Zeiten.

"Bayern ist eine schreckliche Mannschaft, in der so genannte Stars nicht fähig sind, sich drei Mal den Ball zuzuspielen."

No comment......

# Johan Cruyff

"Ich habe zwei Masseure, einer spielte in der zweiten, einer in der dritten Division. Beide schießen links wie rechts problemlos. Wer aber ist von meiner Mannschaft beidfüßig?

Eine sehr harte Kritik con Cruyff an seine Mannschaft.

"Wenn du hinten liegst, musst du einen Verteidiger einwechseln."

Meinte er das ernst?

"Ich glaube nicht an Gott. In Spanien bekreuzigen sich alle 22 Spieler vor jedem Spiel. Würde das irgendwas bewirken, dann gingen danach alle Spiele grundsätzlich unentschieden aus."

Hier braucht man nicht weiter nach der religiösen Einstellung von Johan Cruyff fragen.

"Fussballer von der Straße sind wichtiger als studierte Trainer."

Hier erkennt man, wie er die Wichtigkeit eines Trainers einstuft.

"Nicht gegen Deutschland - zum Kotzen!"

Cruyff äußert sich hier zum Halbfinal-Aus der DFB-Elf bei der WM 2010. Er wollte sich wohl gern für die Final-Pleite von 1974 revanchieren.

Ein Fußballexperte: "In Kolumbien fallen alle Fußballspiele aus".

Sein Kollege fragt: "Warum denn?"

" Die Spieler haben alle Linien weggekokst"

"Herr Doktor, mir wird ständig gelb und rot vor Augen",beklagt sich ein Fußballer.

Der Arzt erwidert: "Vielleicht sollten Sie mal den Schiedsrichter wechseln!"

Es regnet in Strömen. Der Fußballplatz ist abolut überschwemmt. Aber das Spiel muss stattfinden.

Vor dem Anpfiff fragt der Kapitän seine Team: "Sollen wir erst mit der Strömung spielen oder dagegen?"

# Giovanni Trapattoni

Giovanni Trapattoni und seine besten Sprüche

"Meine Frau fragt mich ständig: 'Wann hörst du endlich auf?' Und ich antworte ihr regelmäßig: 'Eines Tages!'

Mit anderen Worten: Er wird so lange Trainer bleiben, wie es seine Gesundheit zulässt.

"Wenn sich die Welt eines Tages plötzlich doppelt so schnell dreht, muss man sich anpassen und schneller laufen. Es nützt nichts, sich gegen das Internet zu sträuben. Besser ist es, man nutzt die Vorteile, die es bietet. Ebenso unnütz ist es, dem Fussball einer anderen Epoche nachzutrauern."

Trapattoni weiß genau, dass eine gewisse Anpassungsfähigkeit als Erfolgsrezept unabdingbar ist.

"Der Fussball hat sich in den letzten zehn Jahren stark verändert. Die Spieler haben keine Scheu mehr, in aller Herren Länder zu wechseln. Die Kabine ist ein Ort des kulturellen Austauschs. Ich halte den Fussball für einen Modellversuch der Globalisierung."

Das kann man durchaus so sehen......

"Man muss Erfahrung aufweisen können und den internationalen Fussball gut kennen, wenn man auch im Ausland Erfolg haben will. Man muss die Sprache erlernen, seine Ernährung umstellen, sich den landestypischen Gepflogenheiten anpassen, und man darf vor allem niemals improvisieren, wenn es darum geht, akzeptiert zu werden. Andernfalls tritt man auf wie der Elefant im Porzellanladen."

Richtig, ein Trainer, der im Ausland erfolgreich sein will, muss eine gewisse Anpassungsfähigkeit besitzen und eine hohe Sprachintelligenz aufweisen.

"Ich fürchte keine Tomaten."
Vor der Rückkehr mit seinem schon im WM-Achtelfinale gescheiterten Spielern nach Italien beweist er dennoch einen gewissen Humor.

"Enzo Bearzot war der Garibaldi des Fussballs. Mit einer Gruppe treuer Gefährten, wie der "Zug der Tausend" von Garibaldi, hat er Italien geeint, indem er 1982 die Weltmeisterschaft gewonnen hat, als niemand daran glaubte."

"Ich habe fertig!"
Mit diesen Worten beendete er als damaliger FC Bayern-Trainer seine legendäre Wutrede bei einer Pressekonferenz 1998, als er sich überwiegend über seine Spieler Thomas Strunz, Mario Basler und Mehmet Scholl ärgerte, die ihn zuvor kritisiert hatten.
Na, ja, auch der intelligenteste Trainer begeht Sprachfehler.

Pep Guardiola

Pep Guardiola und seine besten Sprüche

Auf die Frage, warum er vor seinem Amtsantritt nicht in München war:
„Meine Deutschlehrerin hat den BVB unterstützt. Sie hat mir nicht erlaubt, hierher zu kommen."

Eigenartiger Humor.......

Sein gelungener Konter gegen Sebastian Kehl von Borussia Dortmund, der dem FC Bayern vorschlug, Elfmeterschießen zu üben:
„Wir haben jetzt Zeit zu üben, weil wir die Bundesliga schon gewonnen haben. Mein Rat für Sebastian Kehl ist: Wenn du 35 Punkte Rückstand hast, ist es besser zu schweigen."

Dies ist wohl eine deutliche und gelungene Ansage an Sebastian Kahl.

„Xabi Alonso ist 32. Wenn wir das Spiel kontrollieren, kann er alle drei Tage spielen. Aber wenn wir das Spiel nicht kontrollieren, wenn er ständig vor und zurück muss, ist er in einem Monat tot!"

War das eine Anspielung auf das "hohe" Alter von 32 Jahren?

Über Doppeltorschütze Philipp Lahm nach dem 6:0 gegen Werder Bremen:
„Ich bin ein bisschen enttäuscht von Philipp, ich wollte einen Hattrick von ihm. Vielleicht spielt er nächstes Mal nicht."

Pep Guardiola

Hier beweist Pep seinen trockenen und angenehmen Humor.

Pep über den Unterschied zwischen Champions League und der Bundesliga:
„Champions League ist wie ein gutes Essen in einem schönen Restaurant, die Bundesliga ist wie jeden Tag Pizza und Hamburger."

In der Position als Spitzentrainer von Super-Mannschaften kann man durchaus diesen Vergleich anstellen.

„Ich bin wegen der Spieler und der Geschichte des FC Bayern hier. Wenn Bayern dich ruft, ist das eine Ehre, ein Geschenk."

Pep fühlt sich vom Angebot des FC Bayern München geehrt, was wohl jeder verstehen kann.

 # Maradona und seine besten Sprüche

Diego Maradona und seine besten Sprüche

Mein erster Traum ist es, bei einer WM dabei zu sein. Der zweite ist, die WM zu gewinnen."
Maradonas erstes Interview vor laufender Kamera. Damals wurde er im Alter zwölf Jahren als vielversprechender Nachwuchsspieler interviewt.

Ja, und so sollte alles kommen......

"Drogen kann man nicht in den Griff bekommen, denn es sind die Drogen, die einen im Griff haben. Wer sich hinstellt und sagt 'Ich habe die Drogen im Griff', der lügt oder hält sich für Richard Gere."

Hier sehen wir, dass Maradona erkennt wie die Drogen das Leben eines Menschen verändern und ihn kontrollieren. Er selber musste diese schlimme Erfahrung ebenfalls machen.

"Ich habe 40 Jahre so intensiv gelebt, als wären es 70 gewesen. Dabei habe ich alles Mögliche durchgemacht und bin immer wieder aufgestanden. Ich bin wie aus heiterem Himmel aus den Tiefen der Villa Fiorito bis auf den Gipfel des Mount Everest aufgestiegen. Und einmal ganz oben angekommen, war ich plötzlich auf mich allein gestellt, weil mir niemand erklärt hatte, wie man sich in einer solchen Situation verhält."

 # Maradona und seine besten Sprüche

Eine Erinnerung an seinen kometenhaften Aufstieg und plötzlichen Ruhm verbunden mit einem tiefen Fall und Ohnmacht.

"Ich werde ewig Freude über das Tor empfinden, das ich gegen England mit der Hand erzielt habe. Dafür bitte ich die Engländer ganz ehrlich und tausend Mal um Entschuldigung. Ich würde es aber immer wieder tun."
Über die "Hand Gottes", sein erstes Tor im Viertelfinale der Fussball-Weltmeisterschaft 1986.

"Ich würde es immer wieder tun" ist hier nicht die richtige Einstellung. Wir wollen lieber Fairness.

"Messi habe ich noch nicht gesehen, aber mir wurde gesagt, dass er sehr gut trainiert. Ich habe versucht, ihn anzurufen, aber es ist einfacher, Obama an die Strippe zu bekommen als 'Lío'!"

Ein scherzhafter Kommentar von Maradona zu Messi vor einem WM-Qualifikationsspiels gegen Brasilien.

"Das Schlimmste in meinem Leben habe ich schon hinter mir. Ich war ganz unten, und meine Töchter haben mich da herausgeholt. Jetzt beginnt für mich jeden Morgen ein neuer Tag. Das ist bereits ein Erfolg nach diesen langen Phasen, in denen ich manchmal tagelang wach war oder schlief. Meinen Enkel zu sehen ist wie der Himmel auf Erden. Alles andere ist zweitrangig."

 # Maradona und seine besten Sprüche

Das ist wohl eine gesunde Einstellung

"Terry Butcher sagt, dass er mir nicht die Hand reichen möchte? Das ist mir egal. Ich erinnere mich noch daran, dass England ein Finale gegen Deutschland mit einem Tor gewann, das keins war... Der Ball war nicht über der Linie! Wir haben es alle gesehen, und niemand hat etwas gesagt. Damals gab es halt keine Wiederholungen. Butcher hat kein Recht, mich zu verurteilen."

Diese Aussage von Maradona ist wohl nicht ganz unrichtig, und man kann sie nachvollziehen.

Zinedine Zidane

Die besten Sprüche über Zidane

"Er ging an ein, zwei, drei, fünf, sechs Gegenspielern vorbei, es war himmlisch. Seine Füße sprachen mit dem Ball."
JEAN VARRAUD, ZIDANES ENTDECKER

"Er ist von einem anderen Planeten. Wenn Zidane den Platz betrat, wurden zehn andere Jungs plötzlich besser. So einfach ist das."
ZLATAN IBRAHIMOVIC

"Der größte Spieler der letzten 20 Jahre? Das muss Zidane sein. Er hatte alles. Ihm musste man nie etwas sagen. Er erledigte die Dinge allein und er wusste, was erwartet wurde."
MARCELLO LIPPI

"Ich gäbe fünf Spieler ab, um Zidane in meiner Mannschaft zu haben."
CESARE MALDINI, ITALIENS EHEMALIGER NATIONALTRAINER

"Technisch ist er der König in den Dingen, die fundamental für den Fußball sind – Kontrolle und Passspiel. Ich glaube nicht, dass es mit ihm jemand aufnehmen kann, was die Ballkontrolle angeht."
MICHEL PLATINI

Zinedine Zidane

"Du schaust Dir Zidane an und denkst: ‚Einen Spieler wie ihn habe ich nie gesehen.' Diego Maradona war ein toller Spieler. Johan Cruyff war ein toller Spieler. Sie waren verschieden, aber sie hatten doch Ähnlichkeiten. Was Zidane unterscheidet, ist die Art und Weise, in der er den Fußball manipuliert. Er schafft sich Räume, die es gar nicht gibt. Dazu noch seine Übersicht. Er ist etwas ganz Besonderes."
KEVIN KEEGAN

"Ich habe Zidane immer bewundert. Ehrlich gesagt, hängt eines seiner Shirts in meinem Schrank. Wir haben nach einem Spiel zwischen Juventus und Perugia die Trikots getauscht."
MARCO MATERAZZI

"In der einen Sekunde denkt er und in der nächsten handelt er. Er ist ein besonderer Spieler. Ein Original, ein außergewöhnlicher Fußballer. Er kreiert Räume, wo keine sind. Nur die allerbesten Spieler sind dazu in der Lage. Egal wo oder wie er den Ball bekommt, er kann sich aus Schwierigkeiten befreien. Seine Fantasie und seine Technik sind famos."
EDGAR DAVIDS

"Er dominiert den Ball. Er ist ein laufendes Spektakel und er spielt, als hätte er Seidenhandschuhe an jedem Fuß. Er ist den Besuch im Stadion wert – er ist einer der besten Spieler, die ich je gesehen habe."
ALFREDO DI STEFANO (Gleich unten mehr von dieser Legende)

Deutschland spielt bei der WM gegen Holland. Rudi Völler und seine Spieler unterhalten sich vor dem Spiel in der Umkleidekabine: "Hört zu Männer, ich weiß, die Holländer sind schlecht.", erklärt Völler. "Aber wir müssen gegen sie spielen."

"Ich mach euch einen Vorschlag", sagt Oliver Kahn. "Ihr geht alle in eine Disco und ich spiele allein gegen sie. Was meint ihr dazu?" "Klingt vernünftig!", antworten der Trainer und die anderen Spieler und gehen in eine Disco auf ein Bier.

Nach gut einer Stunde erinnert sich Michael Ballack, dass ja das Spiel läuft und schaltet den Fernseher an. Es steht 1 :0 für Deutschland. Zufrieden widmen sie sich wieder ihrem Bier für eine weitere Stunde, bevor sie sich das Endresultat ansehen. Die Anzeigetafel zeigt: Deutschland 1 (Kahn 10. Min.) - Holland 1 (Davids 89. Min.).

"Mist!" schreien alle Spieler und rennen entsetzt ins Stadion, wo sie Oliver Kahn in der Kabine weinend sitzen sehen, das Gesicht in den Händen vergraben. "Was ist passiert, Olli?" schreit Rudi Völler.
"Es tut mir leid", antwortet Kahn "aber dieser verdammte Schiedsrichter hat mich in der 11. Minute vom Platz geworfen!"